d'antin, n° 46
de part de la Commission des élèves
droit de Paris.

RELATION
DES ÉVÉNEMENS

QUI ONT EU LIEU

LA FACULTÉ DE DROIT DE PARIS,

LES 29 JUIN, 1ᵉʳ, 2 ET 3 JUILLET.

RELATION
DES ÉVÉNEMENS

QUI ONT EU LIEU

A LA FACULTÉ DE DROIT DE PARIS,

LES 29 JUIN, 1ᵉʳ, 2 ET 3 JUILLET;

Par LA COMMISSION DES ÉLÈVES DE L'ÉCOLE
DE DROIT.

IMPRIMERIE DE BAUDOUIN FRÈRES.

PARIS,

PLÉE FILS, LIBRAIRE DE L'ÉCOLE,
PLACE DU PANTHÉON FRANÇAIS;
CORRÉARD, LIBRAIRE, AU PALAIS-ROYAL.

JUILLET 1819.

Une brochure, intitulée : *Ecole de Droit de Paris,* a été publiée il y a quelques jours.

La Commission des élèves de l'École de Droit, chargée de l'examiner, avait reconnu plusieurs erreurs graves qui s'y étaient glissées. Elle les a signalées sur-le-champ par la voie des journaux.

Mais les auteurs les ayant rectifiées dans une seconde édition, la Commission a cru devoir attester que les faits rapportés étaient vrais.

Toutefois, elle n'a pas entendu approuver la relation dans toutes ses parties ; elle a été encore plus éloignée de prétendre que cette relation fût complète et ne laissât plus rien à dire. On en jugera en lisant celle qu'elle publie elle-même.

La Commission déclare, en outre, qu'elle possède les preuves de tous les faits contenus dans sa relation.

Pour les Membres de la Commission,

J. CARIOL, Président.

RELATION
DES ÉVÉNEMENS

QUI ONT EU LIEU

A LA FACULTÉ DE DROIT DE PARIS.

Des désordres fâcheux ont éclaté à la Faculté de Droit : une école de paix s'est transformée en un foyer de tumulte ; les gendarmes ont paru où l'on s'attendait à voir des professeurs ; les cours ont été fermés, les examens suspendus, l'entrée de l'École interdite aux élèves, et un savant professeur, déjà victime d'une mesure précipitée, est aujourd'hui sous le poids d'une accusation publique.

Au milieu de tous ces désordres opposés à des désordres, les familles se sont demandé quelle était cette punition sans enquête, qui les frappe dans leurs enfans, et qui frappe leurs enfans dans l'instruction même qu'ils doivent recevoir. L'esprit de parti s'est éveillé ; les opinions se sont divisées, et on a jugé les élèves comme on les avait punis, sans connaissance de cause.

D'alarmantes accusations ont retenti à la tribune nationale, et ces accusations ne portaient pas seulement sur la Faculté de Paris. Des mesures et des accusations aussi sévères ont fait supposer d'étranges attentats; des mesures et des accusations aussi générales ont fait préjuger la culpabilité de tous ; et les hommes simples se sont troublés en songeant que les magistrats, que les organes des lois, devaient sortir de cette multitude séditieuse; tandis que de graves instituteurs, qui connaissent la jeunesse, ont pensé que moins de bruit eût causé moins de bruit, et que des querelles de jeunes gens n'eussent point occupé la France entière, si le vénérable doyen, au lieu de faire monter avec lui l'arbitraire dans la chaire où il explique les lois, n'avait opposé au tumulte que sa présence et ses cheveux blancs.

Il est indispensable de faire cesser enfin toutes les incertitudes, et d'apprendre à la France ce qu'elle doit condamner, ce qu'elle doit craindre.

Les élèves de l'École de Droit se doivent à

eux-mêmes, ils doivent à leurs familles, à leurs condisciples des diverses Facultés de France, de faire connaître la vérité toute entière.

Historiens fidèles de ce qui s'est passé au milieu d'eux, ils rapporteront des faits : l'opinion publique les jugera. Ils ne réclament point l'indulgence ; ils ne craignent point une juste sévérité.

Quant aux calomnies, persuadés qu'elles ne prouvent que la bassesse de leurs auteurs, ils les mépriseront. Il y a des gens qui crient au désordre et au scandale, comme un malfaiteur au milieu du tumulte crie au meurtre.

Sans doute des fautes presque inséparables de toute réunion tumultueuse ont été commises ; les élèves n'en dissimuleront aucune. Outre qu'ils ont résolu de dire la vérité, ils tâcheront de ne pas rendre inutile une expérience qui doit servir à l'instruction de tous.

Amis de l'ordre et d'une sage liberté, les élèves de l'Ecole de Droit savent qu'un des premiers devoirs du citoyen est l'obéissance aux lois, à ces lois qu'ils étudient, et qu'ils veulent faire respecter un jour. Mais ils savent aussi qu'un autre devoir non moins sacré leur est imposé, celui de s'élever avec force contre l'arbitraire, de quelque masque qu'il se couvre. Ils ne veulent ni sédition, ni tumulte, ni bouleversement; ils demandent, mais avec fermeté, justice et liberté; ils demandent qu'on les estime ce qu'ils valent, et qu'on ne les traite point comme des échappés de collége ou comme des bandits révoltés. Ils souhaitent sincèrement que tous les moyens, toutes les causes de désordre disparaissent. Sans demander, sans indiquer de réforme, ils souhaitent que le mode d'enseignement et l'organisation des Ecoles reçoivent tout le perfectionnement dont ils sont susceptibles. Peut-être, le récit qu'ils ont à faire en montrera la nécessité.

M. Pigeau, professeur de procédure civile et criminelle, était mort au mois de décembre. M. Bavoux, professeur-suppléant, fut, dès la maladie du titulaire, désigné pour occuper la chaire. Il crut devoir adopter pour cette année le plan suivi jusqu'alors par son prédécesseur. Cependant il annonça qu'il ne l'approuvait point. Selon lui on avait donné à la procédure civile beaucoup trop de place dans l'enseignement. Cette science, éminemment pratique, s'acquiert plus spécialement dans une étude d'avoué, tandis que le droit criminel et pénal, se rattachant au droit naturel et aux principes politiques, est plus propre à fonder une théorie. Il est donc naturel que cette branche de la législation attire plus particulièrement l'attention du professeur et l'intérêt des élèves. Ce ne fut pourtant qu'en juin, c'est-à-dire, deux mois avant la fin de l'année scholaire, que M. Bavoux entama la partie de son cours qu'il avait signalée comme la plus essentielle.

Nous pensons qu'il est utile de publier une analyse succincte de chacune de ses leçons; elles ont été recueillies par plusieurs élèves.

ANALYSE DE LA Ire LEÇON.

« Nous quittons le cercle étroit des formes applicables aux procès civils, disait le professeur dans son introduction, pour pénétrer dans la vaste enceinte du cœur humain, observer les phénomènes dont il est susceptible, et entendre la voix du législateur, qui, pour l'application des peines, dispose de la vie et de l'honneur de tous.

» L'enseignement de la législation et de la procédure criminelle est aussi obligé que celui de la procédure civile. L'article 2 de la loi organique du 22 ventose an 12, porte : « On y enseignera la législation criminelle et la procédure civile et criminelle......... » En ne s'occupant que de la procédure civile, on a singulièrement rétréci le cadre des études. L'Université fit elle-même des représentations à cet égard ; mais elles n'eurent pour résultat que de faire donner à la fin de l'année quelques notions sur la procédure criminelle. Le Code pénal en resta banni.

M. Bavoux nous montra comment il était possible d'exécuter la loi ; en ne prenant dans la procédure que ce qui était théorique, renvoyant les détails pratiques qui ne pouvaient s'apprendre qu'en les voyant faire ou en les faisant dans les études d'avoués, il y aurait un temps suffisant pour donner des notions assez étendues sur le Code pénal et le Code d'instruction.

M. Bavoux nous a présenté l'historique de la législation criminelle. La conquête du jury faite par l'Assemblée constituante, la publicité mise à la place des ténèbres et des secrets qui enveloppaient notre procédure criminelle, une échelle de peines........., fixèrent l'attention du professeur. Le Code de brumaire an 4, antécédent immédiat de notre législation actuelle, servit aussi de texte à ses remarques.

Il nous montra l'esprit général de nos Codes actuels ; il nous indiqua comment, faits en 1810, alors que le gouvernement impérial avait acquis sa plus grande force, ces Codes passèrent d'autorité et sans avoir même été soumis à aucune discussion nationale ou publique.

Il nous parla de l'effet que les lois pénales devaient nécessairement produire sur la liberté publique ; de la nécessité par conséquent où l'on se trouvait de les examiner et de les mettre en harmonie avec la Charte........

Ce ne fut pas sans admiration que les élèves remarquèrent l'intention louable du professeur, de quitter enfin les voies battues avant lui : une critique sévère du Code pénal, au moment où tous les bons esprits en demandent la réforme, fut accueillie avec intérêt.

Cette innovation, amenée par la nature du sujet, piqua la curiosité. Il ne fut question que du changement qui venait de s'opérer à l'École ; aussi, le jour de la seconde leçon sur le Code pénal, la salle était remplie.

ANALYSE DE LA IIe LEÇON.

Notre législation ne se compose pas seulement des deux Codes de 1808 et 1810, il faut encore recourir à plusieurs lois préexistantes ; il faut souvent fouiller dans les archives de la Convention, dans les décrets impériaux....., etc.

Ici, le professeur nous présenta des idées générales sur la peine de mort; les erreurs judiciaires étaient un des moyens qu'il fit valoir avec quelque étendue, pour engager à examiner aujourd'hui une question aussi importante. Dans les temps de trouble et de révolution, la peine de mort peut entraîner avec elle de plus graves inconvéniens. Ah ! si depuis 89, dit-il, nous eussions été dans l'impossibilité de prononcer des condamnations capitales, que de savans et d'illustres citoyens la patrie compterait de plus parmi ses membres ; ils seraient aujourd'hui honorés des faits mêmes qui avaient entraîné leur condamnation.

Il examina encore la peine de mort sous le rapport des effets qu'elle produirait sur le duel. Si la loi se reconnaissait dans l'impossibilité de prononcer la peine de mort, quel est le particulier qui pourrait se dire plus puissant qu'elle ?

Il nous présenta l'ordonnance de notre Code pénal, et les divisions qu'il a faites ;

c'est alors qu'il nous annonça qu'il extrairait les dispositions les plus saillantes de ce Code, pour en faire la matière de quelques leçons.

Il commença, comme le Code, par les crimes attentatoires à la sûreté extérieure ou intérieure de l'État : il marqua la différence entre les attentats ou les complots, et signala encore une autre différence, suivant qu'ils avaient pour objet le chef suprême de l'État ou les princes de la famille impériale, pour lesquels la loi avait été faite.

Il donna des explications assez étendues sur l'art. 102, qui punit d'une manière si sévère ceux qui, par des discours ou par des écrits, ont excité les citoyens à commettre l'un des crimes dont il nous avait parlé......

Un fait important qu'il faut remarquer, c'est que dans ces deux premières leçons aucun signe d'improbation ne s'est manifesté. Les applaudissemens ont été unanimes.

Le samedi, 26 juin, un nombreux auditoire occupait, avant l'heure, les bancs de l'École. M. Bavoux tarda quelques instans à paraître. Dans l'intervalle, l'opposition, qui avait eu le temps de s'organiser, distribua ses agens dans la salle aux endroits les plus favorables, afin que les sifflets se faisant entendre de plusieurs côtés à la fois, leur nombre parût plus considérable (1).

A son entrée dans la salle, M. Bavoux fut salué par des applaudissemens que les efforts même de l'opposition dont on voulut couvrir les sifflets, rendirent plus bruyans. Dès-lors M. Bavoux s'aperçut que l'unanimité ne régnait plus parmi ses auditeurs. Il craignit que cette dissidence ne fît naître des troubles ; il voulut les prévenir. « Messieurs, dit-il aux élèves, si dans toute autre circonstance votre approbation est flatteuse, je dois vous avertir que dans cette enceinte vos applaudissemens m'affligent. Un professeur n'est point un acteur en scène. J'invite ceux qui goûtent mes leçons à les écouter en silence : que ceux qui les

---

(1) Un colloque précieux a été recueilli. Deux jeunes gens causaient entre eux dans un coin de la salle ; un d'eux aperçoit un de ses amis placé à quelque distance : « Ah ! voilà N. ; pourquoi ne vient-il pas se mettre auprès de nous ? — Bah ! il vaut bien mieux *qu'il y en ait* de tous les côtés...... » M. Bavoux ne paraissant pas : « Sans doute, dit l'un, il a connaissance de la cabale ; il aura eu peur.... » On a encore entendu un soi-disant étudiant dire à un de ses voisins : « Je vais aller me mettre au centre, pour que les sifflets partent de tous les points de la salle. »

improuvent se retirent et ne troublent point l'ordre. »

ANALYSE DE LA III.ᵉ LEÇON.

M. Bavoux développa notre législation sur la révélation et la non-révélation des crimes ; il en scruta les motifs, et montra qu'ils produisaient un effet différent de celui que l'on voulait obtenir.

Il passa aux crimes et délits contre l'exercice des droits civiques, ou contre la liberté individuelle. Il nous montra comment le gouvernement de 1810, peu scrupuleux observateur de la Constitution qu'il nous avait donnée, puisqu'il la renversait sans cesse par d'autres actes qu'il appelait aussi les Contitutions de l'empire, avait été si indulgent pour toutes les atteintes ou entraves apportées à l'exercice des droits civiques.

La même tolérance fut remarquée dans les attentats à la liberté individuelle dont on faisait alors si peu de cas. Il établit la différence qu'il y avait à faire entre la liberté politique et la liberté individuelle. La première n'est que d'un usage momentané et accidentel ; la seconde est le besoin de tous les jours. L'une n'appartient qu'à quelques personnes, l'autre est le patrimoine de tous les citoyens sans distinction. Il est donc impossible de ne pas désirer une revision sur un point aussi important et aussi peu en rapport avec notre nouvelle loi fondamentale....

La cabale, à ce qu'il paraît, avait profité de l'avertissement du professeur : les sifflets firent moins de bruit à la fin de la leçon, qui se termina, comme les précédentes, à la satisfaction générale. Il ne devait pas en être ainsi à la leçon du 29.

L'opposition indécente de quelques individus, opposition inconnue jusqu'à ce jour à l'École, avait indisposé plus d'un élève. Peut-être s'était-on promis d'avance d'imposer silence à cette minorité turbulente ; c'est probablement à ce motif louable en lui-même qu'il faut attribuer l'oubli de l'invitation faite par M. Bavoux.

Au commencement de la leçon, quelques sifflets s'étant encore fait entendre, ils furent étouffés par les bravos de l'immense majorité.

M. Bavoux parla ensuite pendant trois quarts d'heure, sans aucune interruption.

ANALYSE DE LA IVe LEÇON.

Elle avait pour objet la violation du domicile. En faisant sentir l'importance qu'il fallait attacher au domicile, en indiquant la loi anglaise qui considère la maison de tout citoyen comme sa forteresse, la Constitution de l'an 8 qui déclarait inviolable la maison de tout citoyen, il est arrivé à l'article 187 du Code pénal qui ne punit la violation que d'une amende de 16 à 200 fr.

La loi ne prévoyant aucune circonstance, le professeur en a établi plusieurs qu'il a rangées en trois classes différentes, 1° en celles qui peuvent déterminer l'action ; 2° celles qui l'accompagnent ; 3° celles qui la suivent.

Il a fait une dissertation sur chacun des trois ordres de circonstances, et a fait sentir la nécessité d'élever la peine, suivant qu'il y aura plus ou moins de ces circonstances aggravantes et additionnelles au fait simple de violation.

Enfin, il terminait ses développemens par cette observation : « Qu'on ne s'y trompe pas :
» s'il est des êtres pusillanimes capables de
» tout sacrifier à la crainte, il en est d'autres
» qui n'en ressentirent jamais l'impression ; il
» en est que le sentiment de l'injustice ré-

» volte, que le péril enhardit, et que l'amour
» de leurs proches exalte au moindre danger. »

Ce fut cette phrase, dans laquelle le système interprétatif le plus subtil ne pourrait trouver la moindre allusion, le moindre aliment pour l'esprit de parti ; ce fut cette phrase qui servit de prétexte aux siffleurs pour recommencer leurs manœuvres. Alors l'auditoire, fatigué de l'obstination des perturbateurs, se leva spontanément. Il n'y eut qu'un cri : *à la porte les siffleurs.* La leçon fut interrompue, quelques voies de fait eurent lieu. « Messieurs, s'écrie quelqu'un, ne souffrons pas qu'on insulte notre professeur. » Quelques jeunes gens répondent par ce cri : *à bas l'orateur.* On les pousse hors de l'enceinte. L'huissier sort ; pendant ce temps, on expulse une partie des cabaleurs récalcitrans. On se remet en place ; le calme va se rétablir ; le professeur est sur le point de reprendre la parole pour achever la leçon....... C'est alors que M. Delvincourt se montre dans la salle. Son apparition inattendue, son costume (1) excitent quelques rumeurs. Cependant on s'apprête à faire silence, dans l'idée

---

(1) M. Delvincourt avait sa redingotte ordinaire et une casquette sous le bras.

que M. le doyen va prononcer des paroles de paix et condamner les perturbateurs. M. Delvincourt monte à la tribune auprès du professeur, et s'exprime en ces termes : « Messieurs, » j'ai prévenu la Commission d'instruction publique de la manière dont on fait ce cours » depuis huit jours. J'attends sa réponse ; mais » en ma qualité de doyen, chargé de la po- » lice de l'École, je suspends le cours de pro- » cédure criminelle. »

Cette déclaration extraordinaire devient comme un brandon de discorde. Les siffleurs qui étaient rentrés dans la salle changent de rôle et crient : *bravo !* Le reste des auditeurs donne des marques bruyantes d'improbation.

Une altercation assez vive s'était engagée entre les deux professeurs : le tumulte empêcha de les entendre. M. Bavoux profita d'un instant de silence pour protester hautement contre la suspension arbitraire que M. Delvincourt venait de prononcer ; mais craignant d'ajouter au scandale par une discussion prolongée, il sortit accompagné de l'huissier. L'agitation était à son comble ; des rixes particulières s'engagent dans plusieurs parties de la salle. Un des siffleurs est renversé entre les

2

bancs, et de violentes querelles s'élèvent autour de lui.

M. Delvincourt persistait à rester dans la salle malgré les cris et les huées (1) d'une jeunesse qu'il avait trop légèrement irritée.

Enfin, on lui fit observer que sa présence ne pouvait servir qu'à occasionner de nouveaux désordres. Cette considération l'engagea à se retirer. Bientôt tous les élèves suivirent son exemple, et la salle fut évacuée.

Immédiatement après cet événement, le doyen s'empressa de convoquer les membres de la Faculté. M. Blondeau ne fut point averti. Les seuls professeurs présens à ce conseil furent MM. Pardessus, Boulage, Cotelle et Morand. Les deux premiers approuvèrent la conduite du doyen; les deux autres pensèrent que le doyen n'était responsable de ses actes qu'à l'autorité, et qu'aucun réglement ne permettait à la Faculté de s'occuper d'une pareille question. Cette réflexion parut juste, et la délibération n'eut pas de suite.

---

(1) Quelqu'un s'écria : *Le discours des gardes d'honneur !* (allusion au patriotisme de M. le doyen, à l'époque de la formation des gardes d'honneur).

Le lendemain, M. Delvincourt se rendit à son cours à l'heure ordinaire. Lorsqu'il parut, quelques murmures s'élevèrent; ils furent comprimés par l'improbation du plus grand nombre des élèves. Néanmoins, ils se reproduisirent pendant la leçon.

M. Delvincourt, comprenant qu'on n'avait point oublié la scène de la veille, s'adressa aux mécontens : « Messieurs, leur dit-il, vous » pouvez bien m'empêcher de faire mon cours, » vous ne m'empêcherez pas de faire mon de- » voir. » De nombreux applaudissemens lui prouvèrent qu'on lui rendait justice toutes les fois qu'il ne sortait pas lui-même des limites de ses attributions.

Dans la matinée, plusieurs élèves s'étaient rassemblés pour assister aux examens qu'on devait passer ce jour-là ; ils lisaient quelques journaux dont les calomnies et les injures grossières n'ont pas peu contribué à animer cette effervescence que les mêmes hommes envenimèrent ensuite avec tant de perfidie. En ce moment, parut M. Bavoux, qui avait été appelé pour un examen. Les élèves qui se trouvaient dans la cour l'accueillirent par de vifs applaudissemens. Il répondit par un salut, entra au secrétariat, et de-là dans la salle des examens.

C'est à tort qu'on a prétendu qu'il avait adressé quelques mots aux élèves. Plusieurs jeunes gens qui avaient à lui parler l'ont accompagné depuis son entrée dans la cour jusqu'au secrétariat, et de-là jusqu'à la salle des examens. Ils sont prêts à attester que le propos qu'on lui prête est de pure invention.

M. Bavoux n'a jamais mendié l'intérêt de ses élèves : nous le disons avec confiance, ce n'est ni à ses discours, ni à ses actions que l'on doit imputer l'inquiète sollicitude qui tourmentait les esprits. Il en faut chercher ailleurs les motifs ; c'est dans la démarche inattendue de M. Delvincourt (1) à la séance

---

(1) Venio nunc ad M. Catonem.... qui ità gravis est accusator ut multò magis ejus auctoritatem quàm criminationem ipsam pertimescam.

Finxit enim te, Cato, ipsa natura ad honestatem, gravitatem, justitiam, ad omnes denique virtutes, magnum hominem et excelsum : accessit his tot doctrina non moderata nec mitis, sed, ut mihi videtur, paulò asperior et durior, quàm aut veritas aut natura patiatur...

Te ad accusandum res publica adduxit : credo, Cato, te isto animo, atque eâ opinione venisse ; sed tu imprudentiâ laberis.

      Cicero, *pro Murenâ.*

du 29. Sa déclaration imprudente jetée au milieu des auditeurs qu'une opposition malveillante avait déjà soulevés; son manque d'égards pour un confrère respectable; voilà, il n'en faut pas douter, les causes auxquelles on doit tout rattacher.

Les funestes conséquences s'en développèrent surtout à la journée du 1er juillet, et d'autres motifs, toujours étrangers aux étudians, vinrent les grossir encore.

Ici les événemens se compliquent et se multiplient; nous les exposerons toujours avec la même exactitude.

Le jeudi, entre une et deux heures, les élèves se rendirent à l'Ecole de Droit. On était curieux de connaître quel serait l'effet de la suspension que M. Delvincourt avait prononcée malgré l'opposition de M. Bavoux.

Tout-à-coup, et quelques instans avant l'heure à laquelle le cours de procédure aurait dû commencer, le portier affiche un arrêté manuscrit de la Commission. Il était conçu en ces termes:

Séance du 1er juillet 1819.

« La Commission, instruite du désordre qui a eu lieu au cours de procédure, le 29 juin dernier, et qui n'a pu cesser que par la suspension provisoire du cours par le doyen de la Faculté, arrête ce qui suit :

« Art. 1er. La conduite du doyen est approuvée.

» 2. Le sieur Bavoux, suppléant de la Faculté de Droit, chargé du cours de procédure civile et criminelle, est suspendu de ses fonctions.

» 3. La Faculté recherchera et constatera les causes et les circonstances du désordre. Elle en rendra compte à la Commission.

» Pour copie conforme,

» *Le secrétaire-général,*

» PETITOT. »

La rédaction plus que singulière de cet arrêté fit présumer quelque malentendu de la part de la Commission ; de-là l'idée d'une réclamation qui, en provoquant les enquêtes de l'autorité, amènerait une décision plus conforme à la justice et à la réalité des faits. Toutefois, il faut en convenir, si la première pensée fut sage, les premiers actes furent irréfléchis : on mit en pièces l'arrêté de la Commission (1). On perdit quelques instans à se plaindre et à s'emporter, sans prendre de résolution.

Au milieu de l'agitation, on finit par s'entendre. Le projet d'adresser une réclamation à l'autorité parut constitutionnel. On l'adopta avec enthousiasme, et l'on chargea un élève de rédiger un modèle de pétition à la Chambre des députés.

Cependant quelques étrangers s'étaient mêlés parmi les élèves. Plusieurs individus à visage sinistre rôdaient autour de l'École. Les élèves, surpris d'avoir ce jour-là pour condisciples des inconnus, se communiquaient mutuellement leurs soupçons. L'événement prouva bientôt qu'ils n'étaient pas sans fondement (2).

---

(1) Il est à remarquer que l'arrêté de la Commission était manuscrit, et sans autre signature que le nom de *Petitot*.

(2) Un élève de troisième année se promenait sur la place du Panthéon, près de la rue Saint-Jacques. Un

On venait de lire un premier projet de pétition, lorsque tout-à-coup un cri se fait entendre : *à la porte le mouchard!* Un homme d'une mise grossière est poussé avec violence hors de l'École, et, malgré sa résistance, on le chasse jusqu'au-delà de la rue des Grés.

Les défiances et les soupçons redoublaient. On ne tarda pas à remarquer dans un coin de la cour trois individus vêtus de noir, qui paraissaient se communiquer des observations. On s'approche des observateurs, on les entoure ; quelqu'un prononce le mot de *mouchard*. Ce mot fatal vole dans toutes les bouches. On se presse, on se pousse ; les têtes s'échauffent ; on crie : *à la porte!* et en même temps on se précipite en masse sur le groupe assemblé autour des inconnus. L'impulsion est

---

cabriolet bourgeois s'arrête non loin de là : le propriétaire fait un signe à l'élève, descend de voiture, et le prenant par le bras : « Vous allez au cours de M. Bavoux ? — Oui, monsieur, mais je n'ai pas l'honneur de vous connaître...... — Bavoux ne fera pas son cours aujourd'hui ; il a reçu des ordres. Mais je vous avertis qu'il y a sur la place de l'École trente gendarmes déguisés ; ainsi, je vous engage à prévenir vos camarades et à vous tenir sur vos gardes. » A ces mots l'inconnu remonte en voiture et disparaît.

donnée : les trois individus, chassés, ballottés en tous sens, veulent en vain se défendre et protester. Le bruit empêche qu'on ne les entende. Enfin, employant pour dernière ressource ce qu'ils eussent dû faire dès le commencement, ils ouvrent leur habit et découvrent leur écharpe.

Mais il était trop tard, on ne voyait plus rien, on n'entendait plus rien ; la confusion était à son comble, et MM. les commissaires, insultés, maltraités même, se virent réduits à céder à une violence (1) dont l'intention n'était point dirigée contre les ministres de la loi (2).

Toutefois, les hommes déguisés et qu'on avait déjà signalés, quittent l'incognito et se joignent à leurs supérieurs. Quelques-uns se détachent et vont prévenir le poste de Mon-

---

(1) Il est essentiel de constater que les commissaires de police avaient eu *la précaution*, en venant à l'Ecole, *de cacher* les signes de leurs fonctions. Si la déclaration même du ministre de l'intérieur ne suffisait pas pour établir ce fait, nous invoquerions à l'appui de notre assertion un propos échappé à l'un des commissaires: s'étant aperçu, a-t-il dit, qu'un bout de son écharpe dépassait son habit, il a eu grand soin de le faire disparaître.

taigu ; cinq ou six soldats arrivent la baïonnette au bout du fusil. On culbutait encore les agens de la police. Un commissaire voyant arriver la force-armée, se retourne, met la main sur l'élève qui, par hasard, se trouve le plus près de lui, et le livre aux soldats qui le saisissent et l'emmènent au corps-de-garde.

Aussitôt la foule se porte de ce côté ; le poste entier prend les armes, barre la rue des Sept-Voies, et croise les baïonnettes. Les élèves s'arrêtent et réclament à grands cris le prisonnier. Pour contenir la foule qui se pressait devant eux, les soldats agitaient leurs baïonnettes, tandis que le second rang, craignant sans doute d'être pris au dépourvu, charge ses fusils et menace de faire feu. Ce mouvement causa un soulèvement général. Quelques jeunes gens s'écrient : Des pierres ! Ce cri imprudent est suivi d'un commencement d'exécution. On allait même courir à des pavés entassés près de là ; mais ceux qui se possédaient encore parvinrent à retenir ce dangereux emportement.

Cependant, un commissaire de police (M. Fresne, commissaire du quartier) faisait tous ses efforts pour apaiser ces désordres : un élève lui prend la main et le conjure, au nom de ses camarades, au nom de l'humanité, de prévenir des malheurs inévitables en rendant la liberté au prisonnier innocent. Le commissaire semble hésiter; on insiste; enfin il va au corps-de-garde, et reparaît aussitôt avec l'élève arrêté. Les bravos partent de tous côtés, on entoure le commissaire libérateur, on le remercie, on le félicite, on le porte comme en triomphe.

Les élèves aiment à rendre ce témoignage à M. Fresne. S'il n'avait pas su à propos user de condescendance, au point où les esprits étaient montés, il serait difficile de calculer ce qui pouvait arriver; mais, chose remarquable, cette exaltation, tout-à-l'heure extrême, se calme tout-à-coup. On rentre à l'École, on oublie les hommes de police; et les étudians, dans l'exercice du droit de pétition, cherchent à mettre la Charte entre eux et l'arbitraire.

Pendant que les scènes que nous avons rapportées se passaient dehors, d'autres, moins sérieuses, avaient eu lieu dans l'intérieur: un grand nombre d'élèves parcouraient les escaliers et les corridors; de nouvelles rixes s'y engagèrent. Quelques jeunes gens, reconnus pour avoir été au nombre des siffleurs, furent maltraités, tandis que des étourdis allaient brisant les vitres, malgré les cris répétés de toutes parts : *ne cassez pas les carreaux !...*

Un huissier qui, dans l'embrasure d'une croisée, prenait des notes, fut assailli de menaces coupables si elles n'eussent été souverainement ridicules.

Un rassemblement s'était formé devant la porte du doyen; on demandait à grands cris qu'il vînt interposer son autorité, pour faire rendre la liberté à l'élève arrêté. Il fut sourd à cette réclamation, qui sans doute ne fut pas comprise; car un professeur déclara qu'il se ferait plutôt écraser que de laisser pénétrer jusqu'au doyen.

La pétition était rédigée. Pour en donner lecture, l'auteur monta sur des tréteaux qui se trouvent au milieu de la cour, et qui supportent des fleurs et des arbustes. Les plus grandes précautions furent prises pour ne rien déranger; un huissier cria : *Prenez garde aux fleurs de madame Delvincourt;* et ces cris *ne gâtez pas les fleurs* furent répétés de toutes parts. Ainsi, quoi qu'en ait dit un journal, les étudians manifestèrent, en cette occasion, leur respect pour la propriété.

On était occupé à lire la pétition, lorsqu'on

fut interrompu par ces cris : Voilà les gendarmes! voilà les gendarmes! Un détachement d'infanterie était déjà rangé en bataille devant la porte; au même instant, on vit arriver la cavalerie au galop et le sabre à la main.

L'indignation s'empare de tous les esprits; on ferme avec précipitation les portes de l'École, et l'on espère que le sanctuaire des lois sera un asile contre la violence.

Malheureusement, beaucoup d'étudians restèrent dehors, et furent exposés aux plus indignes traitemens (1).

Plusieurs furent arrêtés, et conduits à la prison de Montaigu.

Le détachement dont l'arrivée avait jeté l'alarme était commandé par un officier qui se conduisit avec modération. Les élèves restés sur la place de l'École lui demandaient que les gendarmes missent le sabre dans le fourreau. Il refusa de céder à cette demande; il accompagnait ce refus des paroles les plus pro-

---

(1) Un trait infâme nous a été rapporté. Un individu en redingotte polonaise, décoré de plusieurs ordres étrangers, eut la lâcheté d'appliquer des coups de cravache sur un étudiant qui venait d'être saisi par deux agens de police.

près à rétablir la tranquillité, lorsqu'un second détachement déboucha par la petite porte d'une cloison qui entoure la place. L'officier qui le conduisait, moins calme que les jeunes gens qu'il venait apaiser, criait avec emportement : *Chargez-moi ces drôles-là, etc., etc.*

Les gendarmes, entraînés par l'exemple du chef, lançaient leurs chevaux de tous côtés, sous prétexte de disperser les groupes. Quelques accidens furent la suite de leur brutalité (1).

Les mots *gueux, brigands, canaille,* etc., étaient à l'ordre du jour. Après une pareille conduite, on ne doit pas s'étonner qu'il y ait eu quelques désordres, mais qu'il n'y en ait pas eu davantage (2).

---

(1) Un homme de quarante ans, en habit noir, fut renversé par un gendarme à cheval qui le poursuivait en criant : *Arrête le scélérat, arrête le brigand!*

L'étudiant P. a vu un jeune homme blessé à la main d'un coup de sabre, et qui s'était retiré dans le café de l'École de Droit.

(2) L'étudiant B. se retirait avec la foule que pourchassaient les gendarmes. Il est apostrophé par un de ces derniers qui lui crie : *Cours, canaille!* B. se retourne et lui répond qu'il se retire, mais qu'il n'a pas besoin de courir ; ce qui d'ailleurs n'était pas facile, vu la multitude de personnes qui se trouvaient devant lui.

Cependant, les élèves enfermés dans l'École, alors bloquée par la troupe, s'étaient fait ouvrir la salle des cours. On s'y rassemble en tumulte; on veut achever la lecture de la pétition. Cette pétition était conçue en ces termes:

A Messieurs les Membres de la Chambre des Députés.

« Messieurs,

» Nous soussignés élèves en droit de la Faculté de Paris, instruits de la délibération de la Commission d'instruction publique, qui approuve la conduite de M. le doyen dans la

---

A cette réponse le gendarme pousse son cheval sur B., et lui décharge un coup de sabre que celui-ci n'évite qu'en se jetant derrière une charrette.

Dans la rue des Sept-Voies, deux maîtres d'un collége voisin, et un jeune étudiant, étaient à regarder. Leur présence déplut au factionnaire, qui les obligea de se retirer, en criant à son chef: *Eh! caporal, en voilà encore de ces brigands!*

La confusion était si grande sur la place, qu'on arrêta des individus étrangers à l'École et qui n'avaient participé en rien aux événemens de la journée.

On assure que plusieurs professeurs du collége de Henri IV et de l'École polytechnique, ont eu beaucoup de peine à se faire relâcher.

séance du mardi 29 juin, et suspend provisoirement M. Bavoux de ses fonctions de professeur-suppléant au cours de procédure civile et criminelle;

» Nous vous supplions de vouloir bien intercéder auprès du gouvernement pour nous rendre aux leçons d'un professeur distingué par ses vertus, ses talens et son attachement à la Charte constitutionnelle. »

Quelqu'un proposa de l'adresser à la Commission d'instruction publique. Mais la Commission ayant déjà prononcé, eût été juge et partie : cette proposition n'eut pas de suite.

D'autre part, un jeune homme demande *qu'on descende le drapeau......* A peine ces mots sont-ils prononcés, qu'un cri général d'opposition se fait entendre. En vain l'orateur explique qu'il ne fait cette demande que pour porter le drapeau à la tête des élèves, et sous cette égide tutélaire, protéger leur retraite à travers la force-armée. Personne ne l'écoute, et avant même qu'il ait achevé, on se tourne du côté du drapeau, et alors par un mouvement spontané chacun se découvre et salue le signe national.

On prétend qu'au milieu de l'agitation, un

jeune garde-du-corps, en habit bourgeois, se précipita au pied du drapeau et déclara qu'il le défendrait jusqu'à la mort.

Nous n'avons pu nous procurer par nous-mêmes la preuve de ce fait, d'autant plus extraordinaire à nos yeux, que bon nombre d'entre nous se sont trouvés à l'endroit où la scène a dû se passer, et qu'aucun n'en a eu connaissance. Toutefois, nous n'avons pas cru devoir le démentir ; car *il est certain* qu'un soi-disant garde-du-corps s'est introduit dans l'École, sous le prétexte, a-t-il dit, *de défendre son opinion*.

La motion faite au sujet du drapeau, et l'erreur qu'elle avait occasionnée, avaient détourné les élèves de l'objet de leur réunion, la signature de la pétition. Ces incidens, et plusieurs autres qui augmentèrent la confusion, furent cause que beaucoup d'élèves ne purent joindre leurs noms à ceux de leurs camarades.

Chacun se portait de nouveau à la tribune sur laquelle la pétition était déposée, lorsqu'un professeur ouvrit les portes de l'École. Alors on aperçut la troupe rangée en bataille, le sabre à la main. Le major et le colonel de la gendarmerie étaient à cheval à la tête de leurs escadrons. Néanmoins, il paraît que les craintes chimériques des agens de la force-armée s'étaient un peu dissipées ; car ces messieurs permirent de circuler librement du dehors au dedans. Ils semblèrent même vouloir faire oublier leur violence en se mêlant familièrement parmi les élèves (1).

Quoiqu'il fût près de quatre heures, rien n'annonçait encore l'intention de se retirer. Le colonel de la gendarmerie avait mis pied à terre ; il se présente dans la salle ; on crie de toutes parts : *à la tribune*. Le colonel se rend en souriant à l'invitation générale. Tout le monde s'asseoit et fait silence.

« Messieurs, dit le colonel, je n'ai jamais
» étudié le droit, et par conséquent je serais
» un mauvais professeur ; mais j'ai servi
» pendant vingt-cinq ans, et j'ai appris qu'il
» fallait toujours obéir à l'autorité. Je ne puis
» que vous inviter à la tranquillité ; du reste,

___

(1) Voici un fait assez singulier ; il servira à faire connaître l'esprit de MM. de la police. Un de ses agens sommait un élève de se retirer ; l'élève veut faire une observation : « Monsieur, lui dit l'agent, vous devez obeir sans analyser les ordres qu'on vous donne. » — Monsieur se croit sans doute encore sous le régime impérial, » lui répliqua l'élève. L'homme de police embarrassé, tourna le dos et garda le silence.

» si vous avez des réclamations...... — Oui,
» nous en avons, s'écrie-t-on de toutes parts;
» nous voulons M. Bavoux. — Cela ne me
» regarde pas, mais voici M. le préfet de po-
» lice, adressez-vous à lui. »

Effectivement, on vit bientôt paraître M. Jacquinot-de-Pampelune, procureur du Roi, accompagné de M. Anglès; en même temps une centaine de gendarmes entrèrent dans la cour, et se rangèrent sur deux haies.

Tout le monde se porta dans la salle : la violence avec laquelle on poussa la fenêtre en entrant, fit tomber quelques vîtres.

MM. Jacquinot et Anglès sont à la tribune; le premier prend la parole, et invite les jeunes gens, au nom de leur propre intérêt, au nom de la société, au nom de la loi, à se séparer. « Qu'on nous rende nos camarades détenus! — On leur rendra justice. Ils vont être interrogés de suite, et s'ils sont coupables..... —Ils sont innocens.—Je le souhaite; mais au moins, jusqu'ici, il y a contre eux quelque apparence de culpabilité. La justice prononcera. — Point de gendarmes, point de baïonnettes...... — Messieurs, nous sommes les organes de la loi, et nous devons la faire respecter. C'est à vous qui êtes destinés à l'appliquer un jour à donner l'exemple de la soumission. Je vous somme donc, au nom de votre devoir, au nom de la loi et du Roi, de vous retirer. » Un jeune homme demande à faire quelques observations à M. le procureur du Roi. « Vous n'avez rien à dire, réplique M. le préfet de police. » Il allait continuer, lorsqu'il fut interrompu par des murmures auxquels succédèrent les cris : Faites retirer les gendarmes. « L'autorité ne doit pas *pactiser* avec vous, reprit M. Jacquinot-de-Pampelune; mais si les gendarmes vous alarment, si leur présence vous semble humiliante, M. Anglès et moi allons marcher à votre tête, vous nous suivrez. »

Ce langage de la sagesse et de la raison obtient à l'instant ce que n'avait pu obtenir ni la police ni la force-armée ; la foule des élèves, précédée des deux magistrats, sortit de l'École et se dispersa sur-le-champ.

Dès ce moment, la cour de l'École et la place du Panthéon se convertirent en un *bivouac*, la porte fut expressément interdite, toutes les rues adjacentes furent gardées jusque bien avant dans la nuit; une multitude de patrouilles circula en tous sens jusqu'au lendemain matin : on eût dit que le *pays latin* était en état de siége.

Onze individus avaient été conduits à Montaigu; ils furent interrogés pendant la nuit; sept furent remis en liberté, quatre retenus et envoyés à la Force. Le lendemain on leur adjoignit deux de leurs camarades, parmi lesquels se trouvait celui qui le premier avait été arrêté et relâché ensuite par le poste de Montaigu.

Le 2 juillet, la cavalerie occupait encore la place du Panthéon et la cour de l'École. Avant huit heures du matin, la Commission fit placarder à la porte un second arrêté dont voici le texte :

Séance du 1ᵉʳ juillet 1819.

« La Commission d'instruction publique, sur le compte qui lui a été rendu du tumulte, des voies de fait, et des actes de violence qui ont troublé aujourd'hui l'École de Droit, et rendu l'intervention des magistrats nécessaire, arrête ce qui suit :

» 1° L'École de Droit de Paris est provisoirement fermée;

» 2° Il ne sera point accordé d'inscription pour le trimestre de juillet; celles qui auraient été reçues aujourd'hui sont annulées;

» 3° Les examens et actes publics sont suspendus jusqu'à ce qu'il en ait été autrement ordonné.

» Pour copie conforme,

» *Pour le secrétaire-général,*

» Guéneau-de-Mussy. »

Bientôt les élèves arrivèrent en foule, et prirent connaissance de cette nouvelle décision, qui, confirmant la première, y ajoutait des dispositions plus sévères encore : aussi persista-t-on plus que jamais dans l'intention d'adresser des réclamations à l'autorité ; mais comme la force-armée empêchait les réunions et dispersait les groupes, on se rendit au Luxembourg, et là, autour du cabinet de lecture, on lut les journaux publiquement.

Le *Drapeau blanc* de M. Martainville excita un sentiment général d'indignation : on proposa d'attaquer devant les tribunaux l'auteur de l'article. Une députation fut envoyée à M. Dupin, pour lui demander conseil dans cette circonstance. La réponse de ce jurisconsulte fut publiée le lendemain dans les journaux (1).

---

(1) *A Messieurs les Étudians en Droit.*

Paris, 2 juillet 1819.

Messieurs,

Indignés de la manière dont le rédacteur du *Drapeau blanc* avait rendu compte de ce qui s'était passé à l'École de Droit, dans la journée du premier juillet ; vous aviez nommé une commission chargée de consulter M. Dupin, pour savoir si nous étions en droit de poursuivre M. Martainville en calomnie.

M. Dupin nous a reçus avec le plus grand intérêt ; mais il nous a fait observer que les calomnies s'appliquaient ici, non à des individus, mais à une généralité ; que d'après la jurisprudence, qui paraît s'établir par le jugement rendu dans la plainte en calomnie de quelques habitans d'Auxerre contre *la Quotidienne*, il croyait que des individus ne pouvaient espérer une réparation judiciaire, qu'autant qu'ils auraient été injuriés nominativement.

Une considération plus forte qu'une jurisprudence encore incertaine, nous a déterminés à céder à cet avis ; nous avons pensé qu'il ne serait pas de la dignité de quinze cents étudians de descendre dans la lice judiciaire avec un individu dont les louanges ou les invectives produisent toujours un effet contraire à celui qu'il en attend.....

Suivent les signatures des Commissaires.

Le commandant du château trouva étrange, et sans doute illicite, l'apparition soudaine dans le jardin d'un si grand nombre de jeunes gens. Il voulut interposer son autorité, et les engager à se retirer. On lui répondit qu'on ne voulait rien faire que de très-légal, et que d'ailleurs aucun règlement ne déterminait le nombre des promeneurs qui peuvent se trouver dans un jardin public.

Cependant, l'autorité semblait s'inquiéter encore. Le général avait fait fermer les grilles, et donné la consigne de ne plus laisser entrer personne. On se sépara; mais on convint de se réunir à deux heures sur la place de l'Observatoire. Plus de quinze cents étudians se trouvèrent au rendez-vous; le bruit se répandit que la Faculté venait de prendre un arrêté favorable à l'École. Deux élèves furent députés vers M. *Blondeau*, à qui on attribuait cette nouvelle. Le professeur la confirma; on le pria de vouloir bien se transporter au lieu de la réunion, sa présence devant inspirer la confiance et prévenir de nouveaux troubles. M. Blondeau se prêta avec plaisir à cette invitation; mais craignant qu'on n'attribuât à des motifs d'intérêt personnel une démarche qui convenait plutôt à M. le doyen, il voulut, avant tout, obtenir son assentiment. M. Delvincourt répondit que dans toute autre circonstance il eût prévenu le désir des élèves, mais que la Commission lui avait expressément défendu de se montrer. M. Boulage s'offrit pour le remplacer, et M. le doyen remit aux deux professeurs une copie de l'arrêté de la Faculté.

La gendarmerie s'était portée à l'Observatoire. Elle voulut dissiper l'assemblée; mais, le Code à la main, on représenta à l'officier qu'on avait le droit de se réunir en groupes de vingt personnes; l'observation ne fut pas de son goût, il persista, mais on lui déclara qu'on allait se transporter au-delà des barrières. Alors il consentit à ne plus inquiéter les élèves; seulement les soldats, le sabre dans le fourreau, se promenaient au milieu d'eux et empêchaient des rassemblemens trop nombreux.

La justice nous fait un devoir de reconnaître que cet officier se conduisit avec une prudence et une modération qui l'honorent. Aussi personne ne songea à opposer la moindre résistance.

Tandis qu'on achevait de signer la première pétition, on adressa une lettre à M. le préfet de police, pour le prier d'accélérer, autant que possible, l'action de la justice à l'égard des élèves détenus. On chargea des commissaires de porter ces pièces à leur destination. On allait se séparer, quand MM. Boulage et Blondeau se présentèrent; on les accueillit avec transport. Ils donnèrent lecture de l'arrêté de la Faculté; ils engagèrent les étudians à se retirer, en leur assurant que la cause des élèves était celle des professeurs (1).

Les jeunes gens furent sensibles à ces marques d'attachement; ils déclarèrent qu'ils allaient se séparer, mais seulement *pour se rendre à l'invitation de leurs professeurs*. Ces paroles choquèrent un *agent de police*. «*Messieurs*, dit-il, *vous vous retirerez parce que l'autorité vous l'ordonne, vos professeurs ne sont rien ici.*» Ce propos insultant excite l'indignation; un élève la manifeste en termes énergiques. L'agent de police somme M. Boulage de lui dire le nom du jeune homme; ce respectable

---

(1) La Faculté de l'École de Droit demandait que la Commission déclarât : 1° que les dispositions de son arrêté ne seraient point applicables aux étudians de première, troisième et quatrième année; 2° que ceux de deuxième année qui s'étaient fait inscrire avant le premier juillet, à l'effet d'avoir jour pour leur examen, seraient admis à le soutenir avant d'avoir pris de nouvelles inscriptions.

professeur indigné, lui répond avec force : *Moi, monsieur, dénoncer un de mes élèves !... misérable !....* Des applaudissemens s'élèvent de toutes parts, l'agent de police se retire, déconcerté, au milieu des huées de la multitude ; mais en même temps un autre agent subalterne prenait, à la dérobée, le signalement du jeune homme; on s'en aperçoit et on allait le lui arracher, quand il se réfugie derrière les chevaux des gendarmes. On reconduisit les professeurs jusqu'à leur voiture, et chacun se retira.

Le samedi 3 juillet, une réunion eut encore lieu au-delà de la barrière du Mont-Parnasse. Aucun gendarme ne s'y montra, aucun agent de police ne vint se mêler parmi les étudians; aussi le plus grand ordre régna-t-il dans l'assemblée. Un large fossé fut le lieu où l'on tint la séance.

On avait précédemment proposé une souscription en faveur des élèves détenus. Ces Messieurs l'avaient acceptée; on donna lecture d'une lettre par laquelle ils manifestaient cette intention, mais seulement sous la condition que les fonds en seraient consacrés à faire connaître la vérité au nom de l'École de Droit. On convint alors de nommer une commission chargée d'ouvrir la souscription aux bureaux du *Censeur* et du *Constitutionnel*, et de surveiller l'emploi des fonds ; et pour éviter désormais toute espèce de rassemblement qui pût effrayer l'autorité, il fut convenu que la commission suivrait l'affaire des détenus, et donnerait la plus grande publicité à tout ce qui pourrait intéresser l'École.

Depuis ce moment, tout est rentré dans l'ordre, on n'a plus entendu parler de trouble ni de réunion tumultueuse, l'autorité a cessé de s'alarmer, et bientôt la justice et la raison ramèneront tous les esprits.

Toutefois l'École est encore gardée par la gendarmerie ; les cours sont fermés jusqu'à l'année prochaine ; les examens sont suspendus jusqu'à nouvel ordre.

Un grand nombre d'élèves a déjà quitté la capitale, plusieurs se rendent dans les diverses Facultés de France, pour y continuer leurs études : nous aimons à croire que l'autorité n'a pas envoyé de circulaires pour les priver de ce dernier avantage et du fruit de dépenses déjà exorbitantes.

Nous avons promis des faits : les voilà dans toute leur simplicité.

Chargés par nos camarades de donner la plus grande publicité à tout ce qui peut intéresser l'École, nous avons recueilli tous les renseignemens que nous avons pu nous procurer, et nous les avons rapportés avec une exactitude qui paraîtra même minutieuse. Mais quelque minutieux que soient ces détails, nous ne les avons point rejetés, parce que les détails, bien mieux que l'ensemble, éclaircissent une affaire ; parce que leur peu d'importance même établit notre justification ; parce qu'ils font voir combien la jeunesse actuelle est peu connue ; combien on sait peu ce que sont ces révoltes, ces insurrections dont on a fait tant de bruit ; combien l'autorité s'alarme à tort de ces émeutes souvent puériles, jamais dangereuses, qu'elle pourrait apaiser sans éclat, et qui s'apaiseraient d'elles-mêmes encore plus facilement.

Nous avons cru devoir nous borner au simple exposé des faits. Nous aurions pu approfondir les causes qui les ont préparés, celles qui leur ont donné tant d'importance ; nous aurions pu examiner si les mesures prises soit dans l'intérieur de l'École, soit à l'extérieur, par les autorités diverses, n'étaient pas plus propres à accroître, à perpétuer le tumulte, qu'à l'arrêter ; **nous aurions pu rechercher quels effets produiront ces événemens qui devaient** *s'arranger en famille*.

Mais nous n'avons pas voulu publier une justification, parce que nous pensons qu'elle résulte évidemment de l'énoncé même des faits.

Une autre considération a dû nous retenir.

Parties intéressées, aurions-nous pu nous dégager entièrement de toute passion; aurions-nous été maîtres d'apporter dans la discussion toute la décence, toute la mesure, toute l'impartialité nécessaires ?

N'aurait-on pas été en droit, sinon de soupçonner nos intentions, du moins de nous accuser d'une prévention bien excusable ?

N'aurait-on pas trouvé peu convenable que des étudians se permissent de discuter publiquement la conduite de leurs supérieurs ?

Nous devions au public un exposé véridique des faits. Nous croyons devoir à notre âge, à notre position, de nous abstenir de réflexions trop accusatrices peut-être, et qui ne pourraient porter que sur des hommes dont nous respectons l'expérience, les talens et la dignité.

Nous laissons au public impartial le soin de résoudre les nombreuses questions qui naissent de l'ensemble de ces événemens, persuadés qu'il en est quelques-unes qui intéressent la liberté, non moins que l'instruction publique. Nous en indiquerons seulement plusieurs, sur lesquelles nous appelons spécialement les méditations.

On pourrait demander, par exemple, relativement à M. Bavoux :

Qui est juge de la doctrine d'un professeur ?

Jusqu'à quel point peut-on lui prescrire ce qu'il doit enseigner, comment il doit l'enseigner ?

La question des principes *qu'il faut inculquer à la jeunesse*, est-elle si nettement résolue qu'on puisse les déterminer sans hésitation ?

Un professeur doit-il se borner à expliquer les lois telles qu'elles sont, ou doit-il les juger avec les élèves, et faire sentir les réformes qu'elles réclament ?

Est-il inconvenant de signaler aujourd'hui les abus du système pénal ?

Est-il inconvenant de le faire à l'École de Droit ?

Est-il défendu d'émettre à cette École des principes de droit politique ?

Le premier cours de *Droit* ne se fait-il pas à la tribune nationale, et ce qui est permis à la

Chambre doit-il être proscrit dans une *École de Droit ?*

Un professeur peut-il être attaqué sur des théories, et ne doit-il pas, quant aux applications, se trouver dans le cas de tout homme qui parle en public ?

Peut-on, pour constater que telles théories ont été émises, que telles applications ont été faites, saisir les cahiers d'un professeur pour en tirer une preuve ? les auditeurs ne sont-ils pas les seuls témoins qui puissent déposer en ce cas ?

On pourrait demander relativement aux troubles survenus :

Peut-on applaudir ou siffler dans un cours ?

Qui fait le trouble : celui qui applaudit ou celui qui siffle ?

Si l'on tolère les applaudissemens, doit-on tolérer les sifflets ?

On pourrait demander relativement aux premières mesures répressives :

Qu'est-ce que la Faculté de Droit ? qu'est-ce que le doyen ? quelle est la nature, quelles sont les limites de ses attributions ?

A qui appartient la police intérieure d'un cours pendant la leçon du professeur ?

Le doyen a-t-il le droit de supendre, pendant la leçon, le cours d'un de ses collègues?

S'il a ce droit, est-il prudent de venir imposer silence à son collègue dans sa chaire, au milieu de ses élèves?

Est-il prudent d'y venir prendre parti, en quelque sorte, pour quelques individus qui sifflent, contre le très-grand nombre qui applaudit?

On pourrait demander relativement aux arrêtés de la Commission :

Qu'est-ce que la commission de l'instruction publique? quelle est la nature, quelles sont les limites de ses pouvoirs?

La Commission a-t-elle le droit de suspendre un professeur?

A-t-elle le droit de fermer, même provisoirement, un cours de droit? de les fermer tous? de suspendre les examens? de supprimer les inscriptions?

Quels sont les droits de chaque citoyen à l'instruction publique?

Qui peut priver un citoyen de l'exercice de ce droit?

Cette privation est-elle une peine?

Une peine peut-elle être prononcée sans enquête préalable?

Une peine peut-elle s'appliquer à une collection d'individus, ou seulement à chaque individu préalablement déclaré coupable ?

La Commission a-t-elle le droit de prendre des décisions sans en motiver aucune, sauf, comme on l'a dit, à en discuter après coup la légalité et l'à-propos ?

A qui la Commission est-elle responsable de ses actes ? et devant quelle autorité peut-on appeler de ses décisions ?

Est-il prudent de punir, quand la sévérité ne peut être que dangereuse ?

Est-il prudent de faire connaître une décision officielle par un arrêté manuscrit, sans autre signature que celle du secrétaire ?

Est-il prudent d'afficher cet arrêté quelques instans seulement avant l'heure de l'ouverture du cours ?

Est-il sage, lorsque tant de gens sont intéressés à trouver la commission faible, de désespérer de sa cause, et d'appeler des gendarmes pour réprimer des étudians ?

On pourrait demander enfin, relativement aux mesures de police :

Qu'est-ce qu'un commissaire de police ? qu'est-il sans son écharpe ?

Qu'est-ce qu'un gendarme ? qu'est-ce qu'un gendarme déguisé ?

Un gendarme déguisé peut-il arrêter un citoyen ?

Un agent de police, quel qu'il soit, peut-il, s'il n'a point les marques de ses fonctions, prétendre à l'obéissance ?

Un agent de police, un gendarme, un homme quel qu'il soit, a-t-il le droit d'injurier, de frapper à coups de sabre et de cravache, des individus désarmés, qui ne l'attaquent ni ne lui résistent ?

Si ces droits existent, s'il est quelque Code de police qui les fonde ; pense-t-on que des arrestations à l'aide de déguisemens, que des injures, des menaces, des coups de sabre et de cravache, soient des moyens de conciliation ?

FIN.

www.ingramcontent.com/pod-product-compliance
Lightning Source LLC
LaVergne TN
LVHW021700080426
835510LV00011B/1505